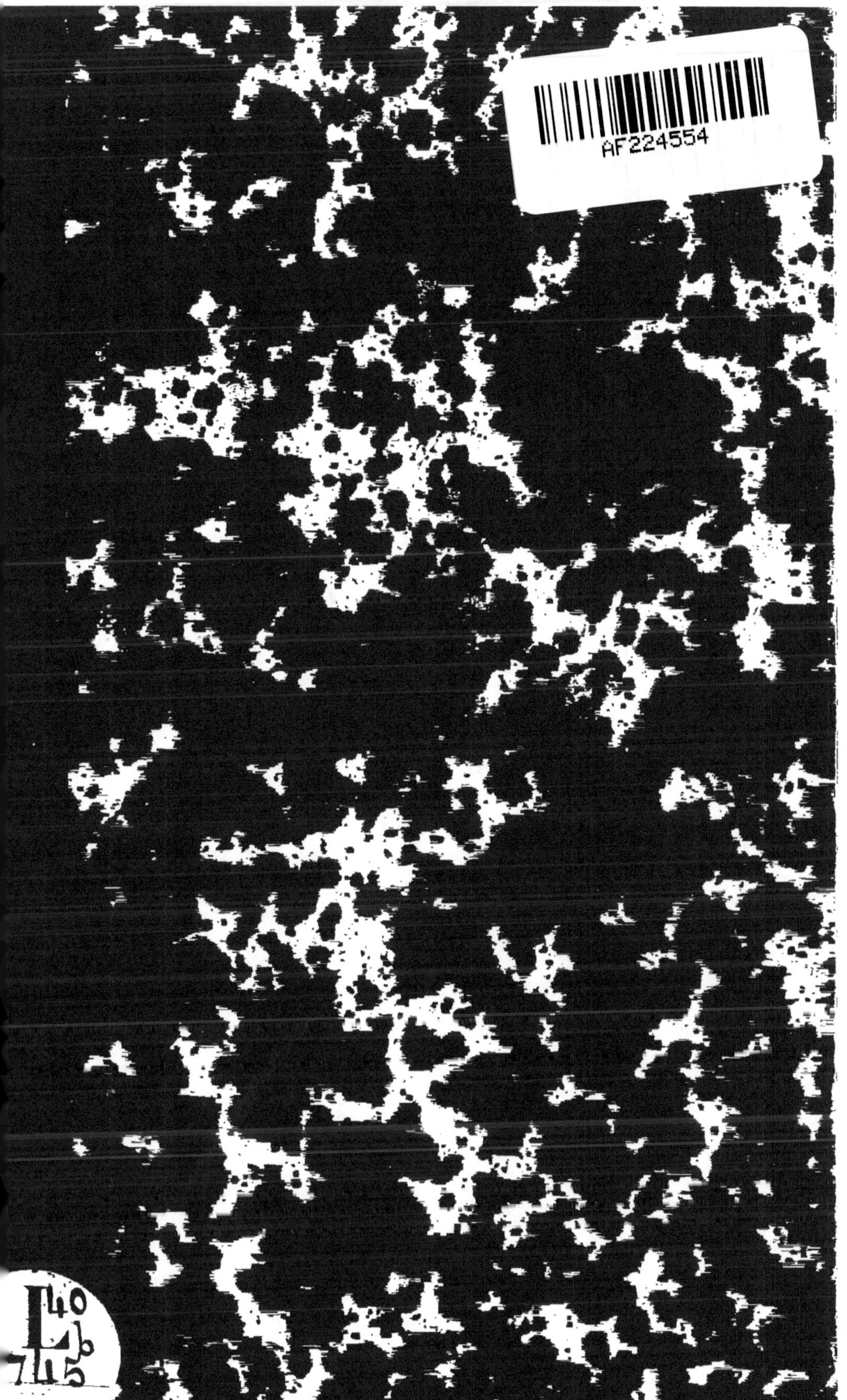
AF224554

RAPPORT

FAIT A LA SOCIÉTÉ

DES AMIS DE LA LIBERTÉ ET DE L'ÉGALITÉ,

Séante aux ci-devant Jacobins, rue Saint-Honoré, à Paris.

Le dimanche 3 mars, de l'an II de la République,

PAR J. M. COLLOT-D'HERBOIS, député à la Convention Nationale, & membre de la Société;

SUR les nombreuses accusations à porter contre l'ex-ministre ROLLAND.

SOCIÉTÉ

DES AMIS DE LA LIBERTE ET DE L'EGALITÉ.

Séante aux ci-devant Jacobins St.-Honoré, à Paris.

RAPPORT

FAIT A LA SOCIÉTÉ

DES AMIS DE LA LIBERTÉ ET DE L'ÉGALITÉ,

Le dimanche 3 mars de l'an fecond de la République,

PAR *J. M.* COLLOT-D'HERBOIS, *député à la Convention Nationale, & membre de la Société;*

SUR *les nombreufes accufations à porter contre l'ex - miniftre* ROLLAND.

CITOYENS,

Vous m'avez chargé de raffembler tous les griefs qui doivent compofer l'accufation grave & folemnelle que tous les vrais amis de la liberté & de l'egalité portent contre l'ex-miniftre Rolland, & de vous en faire le rapport.

Je vous remercie d'avoir cru qu'un si pénible travail ne pourroit ni laffer ma patience, ni étonner mon courage ; cependant, c'eft un abyme de perverfité fi profond que la conduite de cet ex-miniftre, il eft fi dégoûtant de dérouler tant de crimes, que je n'ai pu mettre, dans mon travail, tout l'ordre, toute la clarté que j'aurois défiré moi - même ; mais l'évidence & la vérité s'y trouvent au fuprême dégré.

Il ne faut fouvent que de la mémoire pour fe rappeller les faits. Les preuves topiques, la notoriété publique viennent enfuite les confirmer ; & fi ce travail ne doit être regardé d'abord que comme mon opinion effentiellement formée, vous fentirez qu'en y joignant toutes les pièces qui vous font déjà parvenues, & toutes celles qui vous ont été offertes par les fociétés qui fraternifent avec vous, ce travail acquerrera le plus fort dégré de conviction qu'il foit poffible de donner à aucun acte femblable.

Il eft preffant, avant tout, d'éclairer l'opinion générale fur un miniftre hypocrite, fur un chef de parti ambitieux & traître, qui a fi cruellement ravagé l'efprit public, qui a mis tant de fois la liberté en danger. Il faut que le petit nombre d'hommes encore indécis fur fon compte, foient délivrés de ce fatal preftige qui les a fi long-temps fubjugués ; il faut leur fauver la honte de fe trouver confondus avec des contre-révolutionnaires, des émigrés, des confpirateurs, des agents des puiffances étrangères, fidèles & chauds amis de Rolland, depuis qu'il a trouvé moyen, pour leur affurer l'impunité, de les mettre en contact pour leurs opinions, avec plufieurs bons citoyens, lefquels, par lui cruellement égarés, font devenus tout-à-coup les amis de leurs ennemis, & peut-être les ennemis de leurs plus fincéres amis.

(5)

C'eſt un devoir d'autant plns preſſant pour vous de répandre ces lumières, que c'eſt ici, ſur votre bureau, qu'ont été délivrées les premières lettres de crédit qui ont aidé à la réputation de Rolland, & qui lui ont donné tant de facilité pour nuire à la choſe publique. Cependant, & les anciens membres de cette ſociété républicaine peuvent l'atteſter, ni Rolland, ni Clavière, lorſqu'on en fit des miniſtres, n'avoient pas obtenu de nous une pleine confiance. Clavière y avoit été pluſieurs fois dénoncé pour des opinions très-anti-populaires énoncées à la municipalité dont il étoit membre; & vous vous rappellez qu'une fois il fut queſtion de rayer Rolland, pour avoir ſouffert qu'on fuſillât la ſociété de Soiſſons, qu'on brûlât ſes propriétés, car c'eſt toujours ainſi que débutént les contre-révolutionnaires, ſans que lui Rolland, alors depuis peu miniſtre du roi, ait témoigné aucun mécontentement : car dès-lors nous ne comptions pas aſſez ſur lui pour en attendre, en ſemblable occaſion, de l'indignation ou de la colère; mais il ne fit point *valoir la loi* en faveur des patriotes opprimés, & c'étoit pourtant le moins qu'il pouvoit faire.

Si l'on demande pourquoi ces faits n'ont pas été connus des ſociétés qui vous étoient affiliées, j'obſerverai qu'une faction odieuſe dominoit alors la ſociété. Briſſot avoit compoſé le comité de correſpondance, de tous ſes affidés, & par ce moyen, notre ſincère opinion ſur les miniſtres ne fut jamais bien connue. Nous avons d'ailleurs, toujours été faciles & confiants, & nous avons eu récemment la preuve que, mieux inſtruits, on peut encore aiſément nous induire en erreur.

Il ne falloit pas, dans ces tems-là, une défiance bien farouche pour repouſſer Rolland, car les citoyens de Lyon, au milieu deſquels il avoit intrigué pour ſe faire nommer à l'aſſemblée légiſlative, l'avoient complettement démaſqué; & quoique, pour ſe donner, au milieu d'eux en 1791 , la taille d'un ardent révolutionnaire, il eut tellement outré les principes, que Marat , comparé alors avec lui, eût paſſé pour un modéré ; le peuple l'avoit obſervé, & ne vit, dans ſes contorſions patriotiques, qu'une ambition forte , dirigée par une profonde hypocriſie. Le peuple de Lyon ſavoit que peu d'années avant, Rolland avoit ſollicité des lettres de nobleſſe , & le déſir de ſurpaſſer Marat , dans les meſures violentes qu'il propoſoit pour affermir la liberté, ne lui paroiſſoit pas devoir s'arranger naturellement avec celui d'etre gentilhomme , dans le caractère d'un véritable ami de l'égalité. Rejetté par les ſars-culottes de Lyon, & bien accueilli à Paris par Briſſot, il ſe fit préſenter ici pour vous tromper. La funeſte cabale dont j'ai parlé, le fit auſſi bientôt nommer ſecrétaire, & c'eſt un des plus grands malheurs qui nous ſoient arrivés ; car c'eſt de cette circonſtance que les journaliſtes alors réputés patriotes, firent naître la confiance publique. C'eſt de là que partit cet enthouſiaſme ſervile qu'ils ont baſſement & continuellement alimenté ; la ſociété n'a jamais, il eſt vrai, partagé le délire d'un auſſi ridicule fanatiſme , & nos archives ne ſont ſouillées d'aucun témoignage ſemblable. La ſociété a toujours jugé les hommes par leurs actions: elle vit que Rolland , dans son premier miniſtère, n'avoit rien fait pour la révolution ; & ſans la fameuſe lettre au roi , il en ſeroit ſorti ſans qu'on y fit attention. Mais cette lettre elle-même, monument d'une intrigue miniſtérielle, dirigée alors contre Dumouriez, vous parut plutôt dictée par le reſſentiment d'un vieillard ambitieux , iraconde & atrabilaire, que par le ſentiment d'un ſincère & brûlant patriotiſme, & nous vîmes bientôt que cet ex-miniſtre ſi courageux diſoit-on dans ſes écrits, n'avoit pas eu même la force de ſupporter la diſgrace d'un roi. Il n'oſoit plus ſe montrer au milieu des citoyens ; aucun devoir civique rempli dans les ſociétés populaires ou dans les ſections, ne nous fit reconnoître fon exiftence. A la vérité, nous déclara-t-il, lors de fa nonvelle élévation, que pendant cette coupable abfence du corps focial, il ne lui avoit pas été inutile, & que pendant ce long fommeil, fes rêveries l'avoient conduit à des moyens fûrs pour organifer la félicité publique. Un imprimé publié par lui dans ces temps là, nous fit connoître que cette félicité prétendue fe trouvoit dans un plan de fédéralifme élaboré en commun, avec Briffot & fes adhérens, pour nous donner une conftitution à la manière Américaine. Mais pendant l'intervalle des deux époques miniftérielles, ils n'avoient pas été de cela feulement occupés, ils avoient fans ceffe manœuvrés pour reporter leur mannequin au miniftère. Véritable mannequin pour fa nullité, car on fait que rien de ce qui a été imprimé fous fon nom, ne lui appartient ; mais il offroit dans une tête intrigante & dans un cœur faux, un cadre heureux & propice pour tous les projets des hommes pervers qui ont effayé tant de fois de perdre la république ; ées hommes là, vous le favez, compofoient fourdement avec la cour. On a découvert dernièrement & publié les traités, les conditions propofées (1) & répondues de part & d'autre, & fur toutes les chofes auffi bien connues, je me contenterai d'une fimple citation : il falloit pour leur fortune & pour le fuccès de leurs intrigues, reporter Rolland au miniftère, à quelque prix que ce fût ; & le 20 juin dernier, nous eûmes la douleur de voir qu'ils n'avoient que trop bien réuffi à tromper le peuple fur fes véritables intérêts. Rappellez-vous, citoyens, ce qui s'eft paffé à cette époque, c'eft-à-dire, cette infurrection fauffe & ftérile qui n'avoit d'autre but, que de faire rappeller les miniftres Clavière & Rolland.

---

(1) Les lettres de Genfonné, Guadet, &c. dénoncées à la convention nationale, par Gafparin.

Voyez, si la chofe avoit réuffi, avec quelle perfidie on avoit conduit le peuple à confommer le traité du plus odieux efclavage : car une coalition ferrée entre la cour, les factions dominatrices & le miniftère nouveau, devoient néceffairement nous forger une longue chaîne d'infortunes publiques ; elle eût été brifée avec fracas, tôt ou tard, je le fais, & la fin d'une fi cruelle illufion, auroit été terrible ; mais quand feroit-elle arrivée, & à quelle époque? Qui de nous, ne fent pas vivement que fi la journée du 20 juin avoit eu l'effet défiré par les par-tifans de Briffot & de Rolland, la journée du 10 août, c'eft-à-dire, la chûte éternelle de la tyrannie que le peuple defiroit avec impatience, auroit été bien long-temps retardée. Auffi, quand cette journée glorieufe, mémorable, & qui fera chère à tous les fiècles, fut confommée ; quand l'affemblée légiflative eut rappellé ce miniftère qu'on difoit patriote, Rolland & fa ca-bale fe trouvèrent tellement étourdis de cet événement imprévu pour eux, que, pour accorder & leurs pro-jets combinés dans l'ombre, & les grandes circonf-tances où ils étoient obligés de figurer, ils ne purent mettre au jour, ou propofer que des fyftêmes de foi-bleffe, ou des plans de trahifons.

L'un propofoit ouvertement de quitter Paris, de courir au-delà de la Loire, & d'y entraîner l'affemblée natio-nale, avec la fage précaution qu'ils n'oublieront jamais d'y conduire avec eux le tréfor public.

L'autre propofoit, comme un expédient plus fûr, de livrer les départemens du nord, par manière d'acco-modement, pour que les tyrans étrangers puiffent y rétablir la famille Capétienne, tandis que les tyrans nou-veaux iroient gouverner & regner dans le midi.

Tous ces projets occupoient férieufement ou le confeil, ou les conciliabules miniftériels ; & cependant les Pruf-fiens & les Autrichiens avoient envahi notre territoire.

Heureusement la destinée avoit placé Danton au milieu de ces ministres trembleurs ou perfides. Danton seul, le robuste républicain Danton, devinant mieux, connoissant bien mieux qu'eux tous le cœur des Français, apperçut, indiqua de grandes ressources; conçut, proposa d'énergiques résolutions & sauva la chose publique.

Qu'on lui demande, à Danton, ce qui se passa alors au conseil, & vous saurez combien la pusillanimité a failli nous coûter cher. On peut aussi consulter ses autres collègues, car le seul Rolland, je crois, auroit assez peu de vergogne pour nier ce qui s'est passé & se rétracter sur des faits si connus.

Cependant, & d'après les ordres donnés par ce conseil, devenu ferme à la voix de Danton, nos invincibles armées décidoient les chances fortes de la liberté; elles combattoient chaque jour; chaque jour elles étoient victorieuses. Nous voyions avec transport naître la république au milieu de tant de victoires; & déjà Roland & les ambitieux qui l'entourent, aspirans la puissance souveraine, combinoient sans relâche le désastrueux fédéralisme. Dans leurs imaginations insensées, ils arrangeoient un congrès dont ils proclamoient déjà Roland le président; déjà ils calculoient combien d'années, en cette qualité, il pourroit leur être exclusivement utile. Ils avoient d'avance égaré l'opinion d'un grand nombre de députés nommés pour composer la convention nationale. Une difficulté, néanmoins, les inquiétoit; il falloit, pour arriver à leurs fins, anéantir Paris; Paris, cette ville révolutionnaire & importune, qui ne veut, qui ne voudra jamais ni fédéralisme, ni congrès, ni royauté. Il falloit effacer cette ville rebelle de la carte déjà tracée des états nouveaux qu'ils s'étoient partagés. Je vous adjure ici, vous tous, mes collègues, députés à la convention, vous qui fûtes un instant plus ou moins séduits ou trompés, dites-nous avec quelle fureur le vieillard Roland vous animoit contre les parifiens. Combien de fois vous a-t-il répété que Paris n'exiftoit que pour le malheur des départemens. Imitez le véridique Clootz; allons, révélez-nous toutes les odieufes particularités de cette confpiration. N'eft-il pas vrai qu'on vous a tous exhorté à diriger vos correfpondances de manière à ruiner, à détruire entièrement la ville de Paris, à la rendre déferte le plutôt qu'il feroit poffible? N'eft-il pas vrai que Brunfwick lui-même n'a jamais eu l'idée, s'il avoit pu, d'affembler autant de malheurs fur la ville de Paris, que le voulut alors Roland. Racontez-nous ces continuelles & frénétiques perfécutions dirigées contre les patriotes les plus éprouvés; & les vœux continuels d'engloutir & Paris & les parifiens dans les entrailles de la terre. Vous fûtes exceffivement indignés de tout cela, nous le favons. Vous fûtes indignés en voyant parmi nos ennemis les plus acharnés, les hommes à qui nous avons fait le plus de bien, ceux à qui nous avons donné toutes les places dont nos fuffrages civiques pouvoient difpofer. Car vous ne l'ignorez pas, ce qui fut à notre difpofition a toujours été le patrimoine des citoyens que nous avons cru patriotes; nous ne nous réfervions que le plaifir de les proclamer. Il étoit là, fulminant contre nous, cet ancien maire que, le 14 juillet dernier, nous avions juré de rétablir dans fes fonctions, fufpendues par le tyran; euffions-nous dû verfer, pour y réuffir, jufqu'à la dernière goutte de notre fang. Il étoit là, n'eft-ce pas, & fa colère étoit grande contre les parifiens, les parifiens autrefois tellement inquiets & jaloux de fa confervation & de fa gloire que le 10 août ils le tinrent aux arrêts, préfervé par un rempart de citoyens armés, pour ne pas mettre dans cette belle journée fon courage & fa vie à de trop périlleufes épreuves, & pour le faire jouir des fuccès fans en avoir couru les dangers.

O! combien tant d'acharnement dût vous révolter!

Avouez que tant de fiel, diftillé dans une maffe d'écrits pfeudonymes, & fur-tout dans cette affiche d'un Anglois aux Parifiens, dont Rolland fut reconnu pour être l'auteur, & qui n'avoit d'autre but que d'éloigner de Paris, même les voyageurs, vous parut bien dégoûtant & bien amer.

Les colporteurs de ces iniquités, complaifans & familiers dans la maifon du miniftre, vous ont femblé bien vils. Comment fe fait-il, avez-vous dit plus d'une fois, qu'autour de cet homme, qu'on défigne comme exclufivement vertueux à tous les départemens. il y ait une dépravation, une immoralité, un cynifme effronté, qu'on auroit à peine rencontré, deux mois avant, au château des Tuileries? Cette nouvelle cour royale, difiez-vous, eft encore plus effrénée, plus diffolue que l'ancienne.... dans l'une & dans l'autre, des intrigues de femmes.... Mais refpectons la pudeur publique ; ne tirons pas le voile impur qui couvroit ces ténébreufes orgies, ces honteufes dépravations.... vos regards fe font détournés plus d'une fois devant elles... ce poifon corrofif & fubtil, qui a corrompu tout-à-coup les hommes qu'on croyoit les plus fortement éprouvés, n'a rien pu fur vos cœurs.... vous avez fui l'antre de la nouvelle Circé ; les philtres de la magicienne ont été impuiffans ; vous n'avez point fubi la vile métamorphofe, & vous êtes reftés des hommes.

Dégageons l'intérêt public de ce cercle d'impuretés, où on le tenoit avili & tourmenté, & hâtons-nous de fignaler l'odieux miniftre, qui puifoit dans cet abîme d'infamies, les éléments de corruption, qu'il a porté fi longtems dans l'opinion publique.

Aucun moyen, vous le favez, ne fut épargné, pour que cette corruption fût extrême. Jamais, le tyran qui difpofoit de la lifte civile, n'avoit eu en fon pouir, autant de moyens pour l'opérer. Des fommes enormes étoient journellement diftribuées aux fabricateurs de mille & mille écrits empoifonnés ; adoration pour le dieu Roland, fédéralifme, grâce à Louis Capet, haine & guerre à la ville de Paris, confiance entière en Briffot & fes adhérents ; tels étoient les dogmes de cette nouvelle religion ; les tréfors de l'état s'épuifoient pour la foutenir ; un nombre incalculable de places & de faveurs de tout genre, fe diftribuoit pour la propager ; les départements qui prononçoient leur acte de foi à cet égard, étoient acceuillis dans toutes leurs demandes. Ceux qui refiftoient, ou qui hafardoient les moindres remontrances au nouveau protecteur, n'obtenoient que des reponfes infultantes, quelque bien méritans qu'ils fuffent de la patrie ; c'eft ainfi que Rolland écrivit aux braves Lillois, *qu'il étoit las de leurs gémiffements, qu'il avoit l'ame oppreffée de leur défaut de courage.* C'eft ainfi qu'il fit folliciter inutilement & longtemps aux habitans de Thionville, une partie des fommes que les décrets de la convention leur avoit accordées, pour fournir aux plus urgents de leurs befoins. Rolland affectoit à fes audiences, envers les meilleurs citoyens, des mépris, que les miniftres de l'ancien régime n'auroient ofé fe permettre. Vous avez eu fous les yeux, une reponfe qu'il fit à la citoyenne Palloi, qui la rendit publique ; il difoit qu'il ne concevoit pas ce qu'il y avoit de commun entre une femme de fa forte, & un homme comme lui ; il nioit effrontément les chofes qu'il avoit le plus folemnellement reconnues ; il expofa dans la ville d'Orléans, le citoyen Nicolle, à une procédure confidérable, par un de ces menfonges là, qu'il fut enfuite obligé de rétracter ; enfin fon orgeuil étoit auffi bruttal envers les citoyens, que fes procédes étoient injurieux ; & cela, pouvoit-il être autrement? dans ces mêmes temps, il infultoit chaque jour la convention nationale, elle-même. Jettez les yenx fur nos féances, vous verrez qu'il les voloit continuellement à la chofe publique, pour en faire tourner le réfultat au gré de fes paſſions ; il les ufurpoit à nous faire lire des miſſives , qui ne nous difoient autre chofe, finon, que linitiative de tout lui étoit dû ; que de lui feul devoient nous venir toute la prudence , toute la force & toute la fageſſe dont nous avions befoin ; la repréfentation nationale , étoit chaque jour infultée dans la perfonne des députés de Paris ; enfin , les chofes en étoient venus à un tel point , qu'on propo-foit brufquement de caſſer des comités tout entiers , par la feule raifon , qu'ils n'étoient pas de l'avis du protec-teur Rolland. Tous ces faits incroyables , font conſignés dans nos procès-verbaux ; ce qui atteſta fur-tout notre fervitude , ce fut d'entendre dire qu'une calomnie inique portée par Roland , devant la convention , & reconnue pour telle le lendemain , étoit un acte de vertu ; je parle de la dénonciation qu'il fit le huit octobre , d'une proclamation du confeil exécutif , dont il n'avoit pas, difoit-il , connoiſſance , quoique la minute produite le lendemain , fe trouva revêtue de fa fignature, & qu'il fut prouvé qu'il avoit été préfent à la difcuſſion , qui né-ceſſita cette proclamation , qu'il étoit venu dénoncer ; mais dans fon délire , il ne voyoit qu'en lui feul le pou-voir fuprême ; tout ce qui ne venoit pas de lui , ne devoit pas reſter ; feul , il fe croyoit l'arbitre & le régu-lateur de nos deſtinées ; une lettre de lui prévaloit fur tous les actes émanés des autres pouvoirs , & c'eſt ainſi que, par une inſtruction particulière , il attira d'horribles perfécutions fur la tête de plufieurs commiſſaires natio-naux , dont il rendît le caractère douteux , quoique munis de pouvoirs du confeil exécutif : plufieurs ont été menacés , traités durement , & même emprifonnés dans quelque départemens.

C'eſt alors que plufieurs décrets ayant mis dans fes mains une grande partie de la fortune publique ; il confiat à un agent inconnu , douze millions qu'il fit paſſer en Angleterre ; le conſeil exécutif lui fit là-deſſus de juſtes & ſévères repréſentations ; Rolland les mépriſa , & déclara formellement qu'il ne lui en rendroit aucun compte ; cependant , remarquez citoyens , que dans cet état de choſes , ou nous laiſſons aux miniſtres une monſ-trueuſe puiſſance , leur ſurveillance réciproque , les communications qu'ils ſont obligés de faire au conſeil , ſont la ſeule garantie qui puiſſe rendre commune la loi de reſponſabilité démontrée juſqu'à préſent , à peu près chimérique , & que ceux qui ont la conſcience bonne & pure , y trouvent même une ſorte de ſoula-gement. Danton m'a aſſuré que ces raiſons furent expoſées inutilement à Rolland : depuis que j'ai parlé pour la première fois de ces douze millions , on m'a dit que probablement ils avoient été envoyés pour des achats de grains. Eh bien ! c'eſt préciſément pour cela que Rolland , s'il eut été de bonne foi , devoit conſulter le conſeil , car il lui étoit important de ſa-voir , avant de faire paſſer en Angleterre une ſomme auſſi conſidérable , dans quelle poſition nous étions avec cette puiſſance , relativement à la guerre ; & s'il n'avoit pas beſoin de conſulter ſes collègues , s'il bravoit ainſi les renſeignemens qu'il pouvoit en at-tendre , j'apperçois qu'il y entretenoit ſans doute des relations particulières , que je tiens pour très-ſuſpectes , par cela même qu'il ne les faiſoit pas connoître au conſeil. Dans la grande opération dont il étoit chargé , il ne pouvoit trop s'éclairer ; & ſi la déclaration de guerre faiſoit perdre tout , ou partie , de la ſomme ou des grains achetés , qui nous dira que les négociations ont été ſincères ? que les grains ou les farines ont été véritablement achetées , au prix convenable , & de bonne qualité , ſur-tout lorſque tant d'autres achats de cette nature ont été reconnus pour n'avoir procuré que des bleds avariés & pourris ? enfin , qui nous garantira le véritable emploi de ces douze millions, lorsque nous n'avons aujourd'hui que Rolland seul, & non pas le conseil en entier qui puisse nous le cautionner ?

Dira-t-il qu'il devoit garder le secret, ainsi qu'on me l'a bonnement allégué ? Eh mais ! ne traite-t-on pas au conseil, les plans de campagne, les traités politiques, & des questions bien autrement graves, que des opérations commerciales ; d'ailleurs, Rolland pouvoit-il agir, dans cette affaire, sans confidents? pouvoit-il en choisir de plus sûrs que ses collègues, puisqu'ils lui sont indiqués par la loi. Il s'est donc rendu très-suspect dans un tel envoi de douze millions en Angleterre, sans vouloir en rendre compte au conseil ; parce que, je le répète, la nation, dans de telles opérations, n'a pour la tranquilliser sur ses intérêts, qu'une garantie commune & solidaire entre tous les ministres.

Ceci me conduit à ces comptes volumineux, dont la vaste surface même a quelque chose de bisarre, & qui sent le charlatanisme. Je ne parle point des comptes moraux, dont l'apparence est tout aussi frauduleuse, car, ceux-là, je crois que la nation ne doit pas les payer, aucun décret n'ayant autorisé les ministres à la surcharger de frais semblables ; je parle des comptes arithmétiques. Malgré les préliminaires qui les accompagnent, ces comptes là ne sont point du tout propres à nous rassurer ; il est bon de ne pas laisser, comme on dit, donner dans le panneau, les faciles spectateurs qui jettent les yeux, au coin des rues, sur ces immenses pancartes. J'y ai porté la vue ; je ne suis pas calculateur ; mais, avec le simple bon sens, je n'y ai vu qu'une folle jactance, comme dans toutes le opérations de l'ex-ministre ; j'ai vu des chiffres classés en colonnes, de mauvaises phrases, mais point du tout l'évidence & la vérité principalement nécessaires. L'homme le moins habile

en pareilles chofes, pourroit dire à Roland : « Vous
» croyez nous produire vos comptes, mais point du
» tout. Suffit-il, pour rendre des comptes, de mettre
« d'un côté, j'ai reçu ceci, cela ; total, deux cents
» millions, par exemple ; & de l'autre, fans aucuns
» détails, j'ai dépenfé ceci, cela ; total, auffi deux
» cents millions : ainfi, vous voyez bien que je fuis
» quitte ». Si de tels comptes fuffifoient pour convaincre
le public, il n'y a pas de fripon qui ne pût en faire
autant. S'ils ne fuffifent pas, pourquoi tant les multi-
plier à grands frais? pourquoi fur-tout, ne pas fup-
primer fur ce papier vos déclamations, qui rempliffent
un efpace qu'on pourroit confacrer à des renfeignemens
utiles : d'ailleurs, pour mon inftruction particulière :
dites-moi ce que c'eft que cet article d'indemnités
88,000 livres ; de frais & encouragemens pour le
commerce, 327,000 livres ; indemnités de commis
fupprimés, 421,000 livres ; primes d'encouragemens,
107,000 livres, & plufieurs autres femblables. Tant
que je ne ferai pas mieux inftruit, je ne verrai, dans
tout cela, que des faveurs arbitraires, dont vous vous
êtes créé le difpenfateur. Mais, expliquez-moi comment
les frais de culte, qui, de votre aveu, font fixés à
trois millions quatre cents mille livres par mois, ce
qui fait dix-fept mille livres pour les cinq mois portés
dans votre premier compte, ont couté vingt millions
cinq cents mille livres, c'eft-à-dire, trois millions au-
deffus de la fixation par vous reconnue ? Expliquez-moi
comment, après avoir payé ces vingt millions pour les
cinq derniers mois de l'année dernière, vous portez
encore, dans votre dernier compte du 20 au 23 janvier,
jour où vous avez quitté le miniftère, vingt-un millions
auffi pour le culte ! Vous avez donc payé aux prêtres,
fix mois d'avance ? Mais cela n'étoit pas fi preffé ; &
lorfque les femmes & les enfans des défenfeurs de la
patrie fouffrent toutes fortes de privations, les prêtres

pouvoient

pouvoient bien attendre ; c'eft avoir une forte tendreffe
de cœur pour eux, que de les nantir ainfi, en quittant
votre hôtel de la rue Neuve-des-Petits-Champs.

Si vous avez été fi pieufement généreux pour le culte,
votre humanité a été bien fordide envers ceux de nos
frères qui fouffrent ; car je ne vois qu'un chétif article
de quatre cents cinquante livres pour *fecourrs à divers ;*
&, en tout, trente mille livres pour fecours aux départemens, quoique les décrets de la convention aient mis
à votre difpofition, pour cet objet, des fommes bien
plus confidérables.

Qu'ils fe plaignent, qu'ils fouffrent, les malheureux !
avez-vous dit, peu m'importe. Ce qui eft effentiel *pour
la félicité publique & la dignité de la nation ,* c'eft
que rien ne foit épargné pour foutenir, avec éclat, la
puiffance du vertueux miniftre de l'intérieur ; & vous
n'avez rien épargné, en effet ; car voici, fur une ligne,
trois cents mille livres & plus pour les frais de vos
bureaux, pendant cinq mois ; encore la fourniture des
cachets n'y eft - elle pas comprife, car on la trouve
rapportée un peu plus loin, au bas de la page.
Le mois de feptembre feul a coûté, pour vos bureaux,
à peu près cent mille livres. Oh ! vous avez raifon de
vous croire un homme d'importance ! je ne m'étonne
plus fi vous n'êtes entouré que d'hommes d'état , & de
tous les beaux efprits de la république, fi vous avez
mis de votre bord tous les journaliftes. Il eft édifiant,
au refte, de voir comment les fonds énormes qui vous
ont été livrés, aux termes des decrets, *pour l'impreffion
des écrits propres à éclairer les trames des enn mis de
l'Etat,* ont eté diftribués. Briffot a eu le gros lot dans
cette diftribution !... Briffot éclairant les citoyens fur
les trames des ennemis de l'etat ! N'eft-ce pas comme

B

si on chargeoit un maître filou d'éclairer les passans
sur les dangers qu'il y a de traverser le perron de la
rue Vivienne, sans avoir les mains sur ses poches(1) ? Vous
avez la rage - mue quelquefois, la rage atroce, vieux
Roland. Mais cette fois-ci, c'est la rage de l'ironie qui
vous fait afficher de pareilles plaisanteries ! Vous in-
sultez trop ridiculement à la crédulité publique. Tel
est le langage que pourroit tenir à l'ex-ministre, l'homme
le moins exercé en fait de comptes arithmétiques, en
ne se servant que des premières & simples lumières
du bon sens.

Un homme qui auroit éclairé sa conduite de plus
près, pourroit l'apostropher d'une autre manière, il
lui diroit :

Homme ambitieux & téméraire, tu as voulu nous

---

(1) Plusieurs fois, on m'a dit de répondre aux sales injures que Brissot vomit chaque jour contre moi, dans son
journal. Je n'en ferai rien. Il y a 4 ans que tous les va-
lets de contre-révolution me poursuivent de leurs libelles ;
ma conduite seule a répondu. Je ne ferai pas, à Brissot,
l'honneur de le distinguer. Brissot, tant de fois accusé pu-
bliquement d'escroqueries & de vols, c'est-à-dire, d'avoir
mis en pratique ce dont on savoit qu'il avoit établi la
théorie : Brissot dont le nom est devenu le synonime de
toutes les inclinations basses & avilissantes : Brissot, tellement connu, que, par une sorte d'instinct subit, on lui ap-
plique une turpitude ou une friponnerie dont l'auteur n'est
pas connu, comme on auroit fait d'une épigramme ou d'un
bon vers à Piron & à Voltaire ; Brissot pourroit-il obtenir
la moindre confiance ? J'estime trop mes concitoyens pour
le croire.

faire perdre les fruits de l'immortelle journée du 10 août, & pendant quelque temps, tu n'y as que trop bien réuffi, car tu as conduit la république au bord du précipice. Elle n'y étoit plus la république, alors qu'un feul homme, alors que toi, Roland, tu te mettois infolemment au-deffus de toutes loix, & que tu te faifois fupérieur à toutes les autorités. Rapèles-toi les indignes moyens dont tu t'es fervi? tu appellois, à ton gré, l'idolatrie fur les uns, & les profcriptions fur la tête des autres. Tu paralifois la voix des meilleurs patriotes; tu les furchargeois des plus ridicules & atroces accufations; tu violois le fecret des poftes; tu interceptois les correfpondances patriotiques; tu commandois au département de Paris, des abus de pouvoirs, qu'il t'a refufé par une délibération confignée dans fes regiftres; tu ufurpois tout; tu fouillois tout; tu divifois tout. Il ne manquoit aux perfides combinaifons qui tendoient à afervir la patrie, qu'une force armée à ta difpofition; & c'eft alors que tu en as fait la propofition à la convention. Que dis-je, la propofition! Tu l'as appellée, toi-même, cette force armée: ta volonté a fuppléé à des loix qui ne venoient pas affez tôt à ton gré; & par cela feul que tu le voulois, que tu le trouvois bon, des bataillons entiers s'organifoient, & accouroient de toutes les extrémités de la république, au rendez-vous donné, dans le palais du miniftre de l'intérieur. Que voulois-tu, tyran? A quoi tendois-tu? à la divifion de la république, à fon anéantiffement. Ah! fans doute, tous les malheurs que tu préparois feroient arrivés, tous ces affreux moyens avec lefquels tu pilotois la tyrannie, t'auroient réuffi, fi l'heureux génie de la liberté, qui ne laiffera jamais les vrais républicains long-temps féparés, qui en fera toujours une maffe forte & invincible, n'eût réuni fubitement les fédérés

&-les citoyens. Mais tu étois loin de prévoir cette réunion qui a culbuté tes projets deftructeurs ; tu n'y comptois pas ! & tu vois bien, monftre, que tu voulois boire le fang de tes frères, dans la coupe de la guerre civile ; car, fans la réunion, elle étoit inévitable.

Qu'as-tu fait de bien, dis-le moi, pendant ton miniftère ? Quels bons effets ont produit ces écrits fi chèrement payés à tes acolytes ? J'ai lu quelques pages de celui qu'on m'a cité comme le meilleur, & dont tu as expreffément recommandé la lecture. J'y ai apperçu l'intention de rétablir les corporations, comme tu as voulu rétablir les corvées. J'ai vu, que fidèle à ce mépris conftant que tu affectes pour le peuple, tu te plaifois à le voir défigné par ces mots de *claffes inférieures.* Des claffes inférieures ! lorfque la fainte égalité eft confacrée. Tâches donc de le comprendre, miférable, ce beau mot d'égalité. Tu voudrois donc des claffes fupérieures ! Non, il n'y en aura jamais ; nous l'avons juré : ainfi tu as blafphêmé, en défignant des citoyens, avec ces mots humiliants de *claffes inférieures.* Il y a la claffe des hommes vils, & c'eft celle à laquelle toi & les tiens, vous êtes à jamais condamnés. Qu'as-tu fait de bien, je le répète, avec tant de millions dont la nation t'avoit fait dépofitaire ? As-tu encouragé l'agriculture, & multiplié les productions territoriales ? non. As-tu fait naître l'abondance ? non. As-tu feulement entretenu une facile circulation ? non. Les domaines nationaux font-ils fructueux & de bon rapport ? font-ils feulement bien confervés ? non. Tu les as laiffé, en partie, dégrader & périr ; & l'on nous a dit fouvent, que les hommes en qui tu as confiance, ont protégé les plus criminelles dilapidations. As-tu fécondé le commerce ?

(21)

non. As-tu feulement favorifé l'utile action de l'entrepôt, l'entrepôt fertile en petits bénéfices, qui engraiffe
tout ce qu'il touche? tu n'y as feulement pas penfé.
As-tu indiqué, dans quelqu'écrit, un moyen certain
pour mettre la coignée au pied de l'arbre vorace &
parafyte de l'agiotage? non. Les induftries de première
néceffité ont - elles été vivifiées? non. Y a - t - il des
canaux ouverts, des travaux publics commencés ? les
routes font-elles bien entretenues ? non. Ces établif-
femens facrés, où l'humanité fouffrante & périffante
eft foulagée, ont-ils été furveillés ? non. Jamais leur
régime n'a été plus mauvais. Ceux vers lefquels nous
portons nos regards, avec refpect; ceux où les dé -
fenfeurs de la patrie, mutilés, trouveront une re-
traite, ont-ils fixé ton attention ? non. Tu as méprifé
les décrets qui t'en impofoient le devoir. Qu'as-tu
donc fait, indigne miniftre de l'intérieur? Eh! je
l'ai dit, tu as pratiqué la difette & la famine ; tu
as voulu gangréner l'efprit public, deffécher les fources
du bonheur commun, & tuer la liberté. Tu prodiguois
des tréfors à tes faifeurs de libelles; tu récompenfois
graflement leur perfide laboriofité, & les pauvres mou-
roient de faim. Ah ! qu'ils t'accablent de leurs malé-
dictions, les pauvres ! Que celles des Lillois, des
Thionvillois, que la colère de tous les bons citoyens
te pourfuive, jufqu'à ce que les tribunaux de la nation
aient fait de toi une juftice éclatante !

Déjà tout le monde te condamne, & pourtant, je
n'ai tracé qu'une partie de tes forfaits. Je n'ai point
dit que tu as plufieurs fois brifé les fcellés appofés par
les autorités conftituées. Je n'ai point parlé de ces
effets précieux du garde - meuble, dont tu t'es créé
dépofitaire, fans formalité, fans déclaration, fans re-
connoiffance. Je n'ai point remarqué que ce garde-

meuble, intact jusqu'alors, fut volé précisément deux jours après qu'il fut mis sous ta garde. Je n'ai point dit que tu avois réintégré, de ton bon plaisir, à Strasbourg, des fonctionnaires publics suspendus par la loi ; que suivant qu'il te convenoit, tu assurois aux généraux, la reconnoissance de la patrie, & même de la postérité, pour t'en faire des créatures. Je n'ai point dit à combien d'émigrés tu as donné protection ; combien tu en as fait sortir de prison, quoiqu'aux termes de la loi, les tribunaux seuls dussent en connoître. Je n'ai pas calculé combien la nation a perdu en ce que la vente de leurs biens a été suspendue.

Je n'ai point parlé de cette armoire de fer, dans laquelle, seul, & mystérieusement, tu as osé te rendre de tous les secrets de la tyrannie, dont tu as fait un si bon usage. Nous saurons bientôt combien de pieces ont été soustraites par ton moyen ; nous saurons ce qui s'en parle à cet enlèvement, & peut-être combien de traîtres sont échappés, par ta faveur, à la justice nationale. Un mensonge bien lourd de ta part, a déjà fait connoître une partie de la vérité. Déja l'on est convaincu qu'en saisissant ces papiers, tu voulois rendre suspecte la sincérité de ces témoignages, par un examen anticipé, afin d'avoir un moyen de sauver le tyran, si, comme l'a dit Saint-Just, il n'a-voit pas été pris en flagrant délit contre le peuple. Et que prétendois-tu faire toi-même, lorsque tu faisois passer la nuit à une garde armée, dans ton hôtel, insultant à la force publique établie par la loi, & aux intentions du peuple ? A qui voulois-tu donc déclarer la guerre ? réponds…… Louis Capet ne fut jamais plus coupable.

Et toutes ces émeutes, ces mouvemens faux & com-

binés pour égarer le peuple; n'en as-tu pas le secret?
tu n'y es pour rien, as-tu dit. Alors, pourquoi donc
tes partifans viennent-ils toujours te citer, faire men-
tion de toi, à la fuite de ces événemens? Pourquoi
faifoit-on de toi, un éloge faftidieux & repouffé par
l'indignation univerfelle, au moment ou Pache vint
en rendre compte à la barre ? N'y avoit-il pas là,
quelque pétition toute prête pour demander ta rentrée
au miniftère Tu en fais quelque chofe; tu n'ignores
pas que le plus effronté de tes panégiriftes ofoit blâmer
Pache, auquel les hommes les plus févères & les plus
difficiles fur fon compte, ont cependant rendu juftice,
en cette occafion. Tu n'ignores pas, que dis-je, tu
connois parfaitement ceux qui l'ont calomnié dans
plufieurs fections; & de là à la pétition que tu tiens
toute prête, il n'y a qu'un pas; mais qui s'en chargera?
dis-je moi? Qui ne fait pas comment tu as donné ta
démiffion ? qui ne fait pas que tu ne l'as donnée, que
parce que la convention nationale avoit retiré de tes
mains, tous ces tréfors avec lefquels tu corrompois
l'opinion publique? Et quel eft le citoyen honnête qui
pourroit, après cela, demander que tu redevienne
fonctionnaire public? Il faudroit qu'il eût moins de
pudeur que toi-même, & cela n'eft pas poffible.

Mauvais citoyen! Vas, tu n'auras plus d'amis que
ceux de Lafayette & de Brunfwick, les émigrés &
les confpirateurs. Ils chantent tes louanges, & de tels
apologiftes font bien dignes de leur patron. Que de
maux ils nous ont fai's, en comprimant ce jet révolutionnaire qui nous menoit à une profpérité certaine;
en neutralifant l'efprit public, & le divifant fur les
grandes queftions qu'il avoit à réfoudre; en femant
par-tout la défunion, & jettant la haine & la difcorde
au milieu de la convention. Qui peut douter que les

meneurs des comités ne se soient tellement combinés, qu'à peine nous ont-ils laissé le temps de délibérer sur les choses les plus importantes, & tous ces meneurs se sont affichés pour être voués à Rolland. Si Dumouriez fut entré en Hollande, il y a quatre mois, comme le vouloient les patriotes, les projets de l'Angleterre n'échoueroient-ils pas d'eux-mêmes, & la république françoise ne seroit-elle pas, aujourd'hui, par-tout reconnue? Mais, il falloit sauver le tyran, avant tout, dût-il en résulter la guerre civile : tous ces écrits qui devoient appitoyer les hommes foibles; tous les écrits qui pouvoient ranimer l'espoir, & même l'audace des puissances étrangères en les faisant croire redoutables, ont circulé avec profusion. Quel est l'homme coupable en tout cela, si ce n'est celui qui, par son influence au conseil, & en favorisant la circulation de ces désastreux écrits, préparoit, autant qu'il étoit en lui, la ruine de la république ?

L'indignation que je ressens & que vous partagez, citoyens, est, je le crois, un sentiment louable : c'est une justice rigoureuse que nous demandons, & certes, on ne nous reprochera pas cette sévérité, quand on se rappellera combien Rolland & les siens furent persécuteurs ; combien ils ont mis de lâcheté dans leurs attaques, & de cruautés dans leurs vengeances. Il sourioit, Rolland, lorsqu'on lui disoit que des commissaires nationaux, par lui condamnés, avoient couru risque de la vie. Ils sourioient, les tigres, ses partisans, lorsque des patriotes étoient emprisonnés ou vexés, d'après leurs avis dans plusieurs départemens. Ils ont souri, lorsqu'au milieu d'une incandescence qu'ils avoient attisée, des colonnes entières d'hommes armés se promenoient dans le jardin d'Egalité, en demandant la tête de plusieurs députés patriotes. Ils ont souri,

lorfqu'ils ont appris qu'on avoit brûlé les meubles &
les papiers de la foçiété populaire des fans-culottes de
Lyon. Et cependant ils crient chaque jour, les tar-
tuffes, contre la violation des propriétés ; mais, fui-
vant eux, les meubles, les papiers d'une fociété populaire & la vie des citoyens qui la compofent, ne
font pas des propriétés ! Les cruels ! ils ont été bien
plus loin ; ils ont porté à la fenfibilité des vrais patriotes,
un coup qui fera long-temps douloureux ; ils ont
frappé au cœur, un de nos meilleurs amis ; ils ont
fait périr une bonne mère de famille, une digne citoyenne, dont je fens bien que je ne pourrai pro-
noncer le nom fans que nos cœurs gonflés, ne fe
foulagent par des larmes abondantes. Qu'elle en re-
çoive le tribut, elle en eft bien digne, la généreufe
femme du citoyen Danton ! Il étoit abfent, & elle
giffoit mourante ; elle venoit d'enfanter un nouveau
citoyen. Ils ont choifi cet inftant, les lâches, pour
lui porter le coup de la mort ! Commiffaire de la
convention, il fervoit la patrie, dans la Belgique,
notre ami, dont la mâle franchife & l'éloquence éner-
gique leur font également redoutables. Le matin, ils
avoient vomi contre lui, comme ils font depuis quatre
mois, leurs injures accoutumées. Ils l'avoient repré-
fenté dans fon jardin, comme miniftre de la juftice,
délivrant, le 2 feptembre dernier, des arrêts de
fang & de profcription. Malgré toutes les pré-
cautions prifes, fa femme fouffrante & foible eut
connoiffance de ces atroces calomnies ; elle fçut
que les amis de fon époux n'avoient pu obtenir la
parole pour le défendre. Tourmentée de la plus
vive douleur, épuifée par la fièvre qui fuit l'en-
fantement, fon corps n'a pu fupporter la fecouffe qu'é-
prouva fon ame courageufe & indignée. Ses jeunes en-

Citoyens, il y a, dans vos archives, une grande partie de pièces probantes qui vous ont été envoyées par différentes sociétés ou administrations. Il vous reste à nommer des commissaires, afin de les réunir, pour que cette accusation soit munie de tous les témoignages qui doivent la rendre victorieuse & utile à la patrie.

La société a arrêté l'impression du présent rapport, & l'envoi aux sociétés avec qui elle fraternise.

L A F A Y E, *vice-président.*

GAILLARD, DUBUISSON, DEGUAIGNE, BOISSEL, *secrétaires.*

De l'Imprimerie de L. POTIER DE LILLE, rne Favart, N° 5

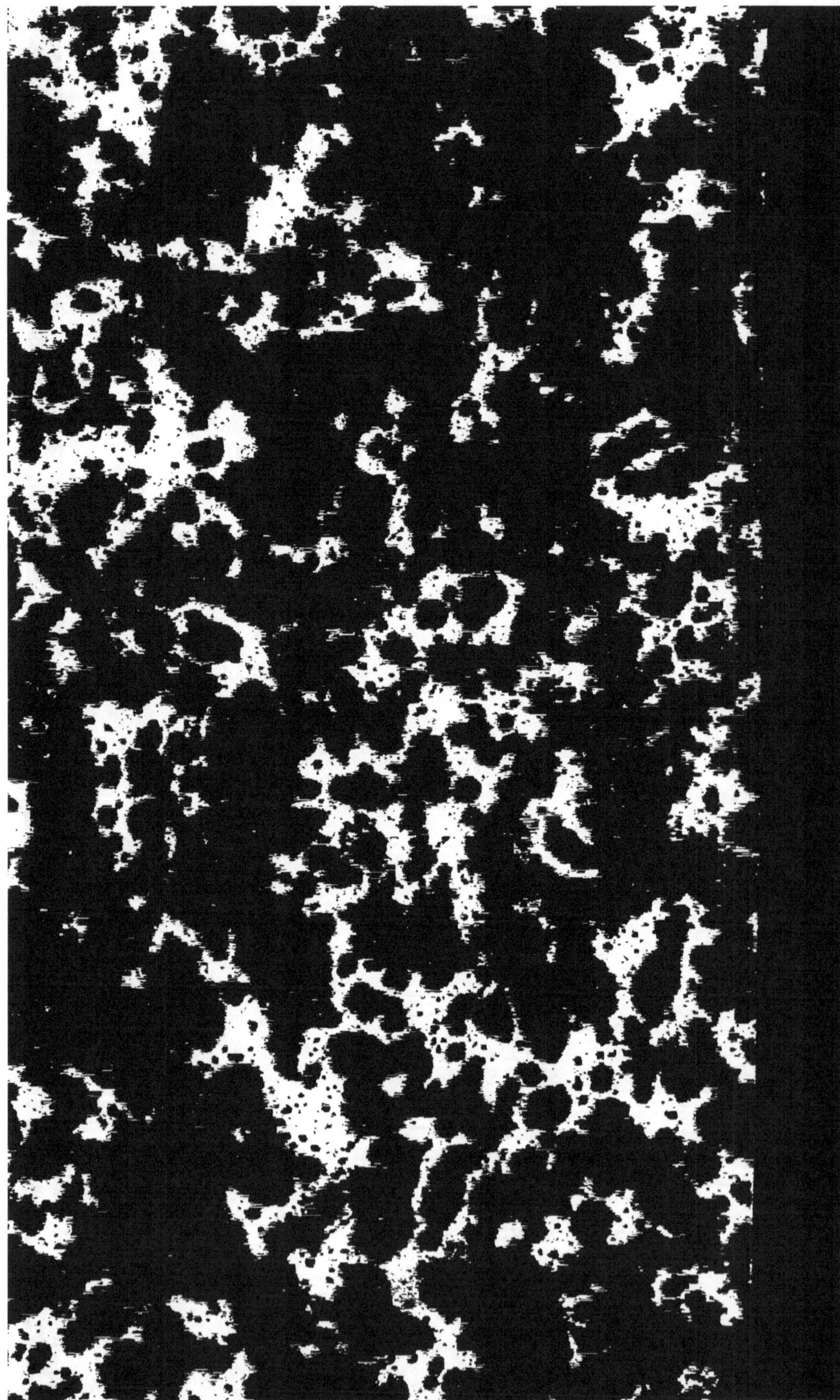